FICHA CATALOGRÁFICA
(Preparada na Editora)
Xavier, Francisco Cândido, 1910-2002.

X19m *Mensagens* / Francisco Cândido Xavier, Carlos A. Baccelli, Espíritos Diversos. Prefácios de Emmanuel e Albino Teixeira. Araras, SP, 1ª edição, IDE, 2019.

p.: 144
ISBN 978-85-7341-742-5

1. Espiritismo 2. Psicografia - Mensagens
I. Baccelli, Carlos A., 1952-   II. Espíritos Diversos.
III. Título.

CDD -133.9
-133.91

Índices para catálogo sistemático:
1. Espiritismo 133.9
2. Psicografia: Mensagens: Espiritismo 133.91

MENSAGENS

♡

iluminação interior

"Vós sois a luz do mundo." Jesus

ISBN 978-85-7341-742-5

1ª edição - junho/2019

Copyright © 2019,
Instituto de Difusão Espírita - IDE

Conselho Editorial:
Doralice Scanavini Volk
Wilson Frungilo Júnior

Produção Cultural:
Jairo Lorenzeti

Revisão de texto:
Mariana Frungilo Paraluppi

Capa:
Samuel Carminatti Ferrari

Diagramação:
Maria Isabel Estéfano Rissi

INSTITUTO DE DIFUSÃO ESPÍRITA - IDE
Av. Otto Barreto, 1067
CEP 13602-060 - Araras/SP - Brasil
Fone (19) 3543-2400
CNPJ 44.220.101/0001-43
Inscrição Estadual 182.010.405.118
www.ideeditora.com.br
editorial@ideeditora.com.br

Todos os direitos reservados. Nenhuma parte desta publicação pode ser reproduzida, armazenada ou transmitida, total ou parcialmente, por quaisquer métodos ou processos, sem autorização do detentor do copyright.

MENSAGENS

♡

iluminação interior

"Vós sois a luz do mundo." Jesus

CHICO XAVIER
CARLOS BACCELLI

ESPÍRITOS DIVERSOS

ide

sumário

Brilhe Vossa Luz

brilhe vossa luz - Emmanuel 13
luz interior - Albino Teixeira 15
1 - *sempre acima* - Emmanuel 17
2 - *à margem da estrada* - Irmão José 18
3 - *donativo do coração* - Emmanuel 21
4 - *uma boa palavra* - Irmão José 22
5 - *escola* - Maria Dolores 24
6 - *sempre melhor* - André Luiz 27
7 - *benevolência* - Emmanuel 30
8 - *bilhete fraterno* - Casimiro Cunha 33
9 - *Deus e nós* - Emmanuel 35
10 - *na vida* - Irmão José 37
11 - *o ateu* - Alfredo Nora 39
12 - *sinceramente* - André Luiz 41

13 - *espera e confia* - Meimei 44
14 - *quem ama* - Alexandre de Jesus 45
15 - *mais amor* - Casimiro Cunha 47
16 - *varando sombras* - Batuíra 50
17 - *o preço da luz* - Emmanuel 52
18 - *meu amigo* - Eurícledes Formiga 54
19 - *ante o Além* - Emmanuel 57
20 - *no tempo justo* - Albino Teixeira 59
21 - *extinção do mal* - Bezerra de Menezes 61
22 - *agradece* - Irmão José 64
23 - *Zoraide* - Auta de Souza 66

Confia e Serve

confiar e servir - Emmanuel 71
a serviço da fé - Albino Teixeira 73
1 - *aos amigos* - Emmanuel 75
2 - *terceiro milênio* - Irmão José 78
3 - *para a fraternidade* - Emmanuel 81
4 - *quanto à verdade* - Irmão José 86
5 - *nossa fé* - Jésus Gonçalves 89
6 - *um caso igual a tantos* - Hilário Silva 91
7 - *desengano* - Valentim Magalhães 95
8 - *mensagem de irmão* - Sebastião Carmelita 97
9 - *sou eu* - Augusto dos Anjos 101
10 - *com Jesus e com Kardec* - Eurícledes Formiga . 103
11 - *a força das tradições* - Emmanuel 106
12 - *quadros da reencarnação* - Espíritos Diversos ... 110

13 - *redenção* - Epiphanio Leite 115
14 - *nas horas mais difíceis* - Irmão José 117
15 - *confrontos* - Emmanuel 119
16 - *o livro espírita* - Albino Teixeira 122
17 - *somente caridade* - Espíritos Diversos 124
18 - *onde estiveres* - André Luiz 128
19 - *mensageiros do bem* - Leôncio Correia 130
20 - *abençoa, Senhor* - Auta de Souza 132
21 - *palavras de amor paternal* - Bezerra de Menezes .134
22 - *agora e sempre* - Irmão José 139

Neste livro, as mensagens ímpares foram psicografadas pelo médium Francisco Cândido Xavier e as mensagens pares pelo médium Carlos A. Baccelli. - Nota da Editora.

BRILHE VOSSA LUZ

"Vós sois a luz do Mundo."
Jesus

brilhe vossa luz

Francisco Cândido Xavier
Emmanuel

Amigo Leitor:

Tantas são as solicitações de esclarecimento e reconforto a nós endereçadas, que não hesitamos estudar a nossa Doutrina de Paz e Amor com os nossos amigos, entendendo-se que todos somos necessitados de aplicação dos ensinamentos de Jesus.

Explicando a nossa participação, na condição de aprendizes, nas páginas que constituem o presente volume, rogamos ao nosso Divino Mestre nos inspire e nos abençoe.

luz interior

───────── ♡ ─────────

Carlos A. Baccelli

Albino Teixeira

Amigo leitor:

Entregando-te as páginas singelas deste volume em que, igualmente, na escola da vida, comparecemos na condição de aprendizes do Divino Mestre, concluímos que, seja na Terra ou no Plano Espiritual, ante os erros milenários que nos ensombram a alma, a nossa maior necessidade é justamente de iluminação interior.

E recordando-nos de suas palavras, registradas no Evangelho de João (8:12), "Eu sou a luz do mundo; quem me segue não andará nas trevas, pelo contrário, terá a luz da vida", pedimos a Jesus que a todos nos abençoe e guarde sempre.

1

sempre acima

———— ♡ ————

EMMANUEL

A pirâmide da elevação tão somente se alteia, com a necessária segurança, quando erguida em quatro ângulos distintos:

compreender;

aceitar;

amar;

servir.

Quem compreende – perdoa sempre.

Quem aceita – vê mais longe.

Quem ama – ilumina.

Quem serve – conquista.

2

à margem da estrada

—————— ♡ ——————

IRMÃO JOSÉ

Não passes pelo mundo sem acrescentar o teu tijolo à magnífica construção do bem.

Não permitas que os teus dias se escoem sem que algo faças de útil em benefício do próximo.

Não deixes que a tua oportunidade de servir se perca no grande vazio das horas inúteis.

Não consintas em viver exclusivamente para os interesses pessoais.

Não adotes o comodismo por norma de conduta, refletindo que Jesus permanece no madeiro, braços abertos, à nossa espera.

Enquanto tens forças para caminhar, sai de ti mesmo ao encontro daqueles que choram à margem da estrada...

Atende-os, como se fossem eles – e realmente o são – vida de tua própria vida.

Liberta-te dos pesados grilhões da indiferença!

Sê a fonte de água pura para os sedentos, a côdea de pão para os famintos, a veste aconchegante para os que sentem frio, o bálsamo para as feridas que sangram, a mão amiga para os que tropeçam, o consolo para os que sofrem...

Recordando a palavra do Mestre: "Eu vos digo em verdade, quantas vezes o fizestes com relação a um desses mais pequenos de meus irmãos, foi a mim que fizestes", apressa-te no cumprimento do dever, porquanto, todas as vezes que te furtares à prática do bem, estarás, em essência, negando auxílio Àquele a quem tudo devemos.

3

donativo do coração

EMMANUEL

Seja a tua palavra clarão que ampare, chama que aquece, apoio que escore e bálsamo que restaure.

*

Sempre que te disponhas a sair de ti mesmo para o labor da beneficência, não olvides o donativo da coragem! Auxilia o próximo por todos os meios corretos ao teu alcance, mas, acima de tudo, ampara o companheiro de qualquer condição ou de qualquer procedência, a sentir-se positivamente nosso irmão, tão necessitado quanto nós da paciência e do socorro de Deus.

4

uma boa palavra

─── ♡ ───

Irmão José

No teu relacionamento diário com as pessoas, não te esqueças de endereçar-lhes sempre uma boa palavra.

A palavra de esperança é uma luz que se acende no caminho dos companheiros que se revelam vacilantes na luta.

A palavra de coragem é um apoio para os que necessitam seguir adiante no desempenho das próprias obrigações.

A palavra de compreensão, não raro, é mais eficaz que o medicamento prescrito pela medicina convencional aos que se queixam de amargura e desalento.

A palavra de incentivo aos que se dedicam às boas obras pode ser comparada a preciosa alavanca que guarda consigo o poder de remover as pedras de tropeço.

Não olvides, assim, os prodígios de amor que podes realizar através de uma boa palavra e promova, desde agora, rigorosa triagem nos assuntos ventilados por teu verbo.

Falando, construirás a felicidade ou, ainda falando, arrasarás com os ideais de muita gente.

Fala como se trouxesses Jesus no entendimento e no coração, e a tua palavra, em todas as ocasiões, brilhará em teus lábios à feição de uma estrela engastada no céu de tua boca.

5

escola

─── ♡ ───

MARIA DOLORES

Ante os pesares do mundo,

Observa, alma querida,

A dor que ilumina a vida,

Sob as provas tais quais são...

A Terra é uma grande escola

De que temos o usufruto,

Lembrando enorme instituto

De trabalho e elevação.

Nascemos e renascemos,

Atendendo a leis concisas,

Conforme as lições precisas

Que temos nós para dar;

No serviço que nos cabe,

Naqueles com quem vivemos,

Jazem os pontos supremos

De nosso próprio lugar.

Nas tarefas em que estejas,

Cumpre o dever que te assiste,

Se a vida parece triste,

Não te queixes de ninguém...

Cada pessoa na Terra

Intimamente é chamada

A servir, de estrada a estrada,

Para a vitória do bem.

O homem robusto e moço

Que administra a riqueza

Traz, por vezes, rude e acesa,

A fogueira da aflição;

A mulher que exibe ao colo

A cruz em joias e luzes

Às vezes tem muitas cruzes

Por dentro do coração.

Nunca censures. Trabalha,

Crê, auxilia e não temas.

Cada qual guarda problemas,

Em forma de sombra e dor.

Quem mais serve e mais perdoa

É aquele que se renova,

Vencendo, de prova em prova,

Na grande escola do amor.

6

sempre o melhor

André Luiz

Em todos os caminhos da vida, encontrarás obstáculos a superar.

Se assim não fosse, como provarias a ti mesmo a sinceridade dos teus propósitos de renovação?

*

Aceita as dificuldades com paciência, procurando guardar contigo as lições de que se façam portadoras.

*

Com todos temos algo de bom para

aprender e em tudo temos alguma cousa de útil para assimilar.

*

Nada acontece por acaso e, embora te pareça o contrário, até mesmo o mal permanece a serviço do bem.

*

A resignação tem o poder de anular o impacto do sofrimento.

*

Se recebes críticas ou injúrias, não te aflijas pela resposta verbal aos teus adversários. Muitas vezes, os que nos acusam desejam apenas distrair-nos a atenção do trabalho a que nos dedicamos, fazendo-nos perder preciosos minutos em contendas estéreis.

*

Centraliza-te no dever a cumprir, refletindo que toda semente exige tempo para germinar.

*

Toda vitória se fundamenta na perseverança e, sem espírito de sacrifício, ninguém concretiza os seus ideais.

*

Busca, na oração, coragem para superar os percalços exteriores da marcha, e humildade para vencer os entraves do teu mundo interior.

*

Aceita os outros como são a fim de que te aceitem como és, porquanto, de todos os patrimônios da vida, nenhum se compara à paz de quem procura fazer sempre o melhor, embora consciente de que esse melhor ainda deixe muito a desejar.

7

benevolência

―――― ♡ ――――

EMMANUEL

Traduzindo benevolência por fator de equilíbrio nas relações humanas, vale confrontar as atitudes infelizes com os obstáculos que afligem o Espírito na caminhada terrestre.

Aprendamos sinonímia de ordem moral no dicionário da Natureza:

Crítica destrutiva – labareda sonora.

Azedume – estrada barrenta.

Irritação – atoleiro comprido.

Indiferença – garoa gelada.

Cólera – desastre à vista.

Calúnia – estocada mortal.

Sarcasmo – pedrada a esmo.

Injúria – espinho infecto.

Queixa repetida – tiririca renitente.

Conversa desnecessária – vento inútil.

Preconceito – fruto bichado.

Gabolice – poeira grossa.

Lisonja – veneno doce.

Engrossamento – armadilha pronta.

Aspereza – casca espinhosa.

Pornografia – pântano aberto.

Despeito – serpente oculta.

Melindre – verme dourado.

Inveja – larva em pencas.

Pessimismo – chuva de fel.

Espiritualmente, somos filtros do que somos.

Cada pessoa recebe aquilo que distribui.

★

Se esperamos pela indulgência alheia, consignemos as manifestações que nos pareçam indesejáveis e, evitando-as com segurança, saberemos cultivar a benevolência no trato com o próximo, para que a benevolência se nos faça auxílio incessante através dos outros.

bilhete fraterno

Casimiro Cunha

Meu amigo, prossigamos

No trabalho, dia a dia,

Procurando com Jesus

A verdadeira alegria.

Se no caminho despontam

Problemas a resolver,

Perseveremos no bem

Cumprindo o nosso dever.

A dor faz parte da vida...

Ninguém vive sem lutar,

Mas é feliz quem já sabe

Esquecer e perdoar.

Incompreensões? Dissabores?

Não desistas de servir.

Silencia e segue em frente

Na construção do porvir.

Amanhã, após a noite,

Que a morte impõe aos teus passos,

Encontrarás, redivivo,

O Cristo a estender-te os braços!

9

Deus e nós

EMMANUEL

Observa em derredor de ti e reconhecerás onde, como e quando Deus te chama em silêncio a colaborar com Ele, seja no desenvolvimento das boas obras, na sustentação da paciência, na intervenção caridosa em assuntos inquietantes para que o mal não interrompa a construção do bem, na palavra iluminativa ou na seara do conhecimento superior, habitualmente ameaçada pelo assalto das trevas.

*

Sem dúvida, em lugar algum e em tempo algum, nada conseguiremos, na essência, planejar, organizar, conduzir, instituir ou fazer sem Deus; no entanto, em atividade alguma, não nos é lícito olvidar que Deus igualmente espera por nós.

10

na vida

── ♡ ──

IRMÃO JOSÉ

Não te queixes de ninguém.

Todos estamos lutando.

Esse enfrenta problemas afetivos.

Aquele sofre limitações.

Outro caminha vacilante.

Na vida, quem compreende sabe mais.

Faze o melhor que possas,

esquecendo ingratidões.

Serve, perdoa e avança,

olvidando injúrias.

Elege o bem por teu escudo

e deixa que as pedras da maledicência

caiam à tua volta.

Se procuras Jesus,

não tens tempo a perder

com os acontecimentos marginais da estrada.

o ateu

Alfredo Nora

Sujeito que clama e berra

Contra a vida a que se agarra

Vive em perene algazarra,

Colado aos brejais da terra.

Do raciocínio faz garra

Com que à verdade faz guerra,

Na desdita em que se aferra,

À ilusão em que se amarra.

De mente sempre na birra

Ouve a ambição que lhe acirra

A paixão que o liga à burra.

Mas a luz divina jorra

E a vida ganha a desforra

Na morte que o pega e surra.

12

sinceramente

André Luiz

Se você efetivamente deseja cooperar com Jesus, nada conseguirá arredá-lo do propósito de servir.

Mesmo sob circunstâncias adversas, saberá encontrar recursos para que o bem se manifeste através de suas mãos.

Ao invés de inspirarem-lhe desânimo, os percalços naturais do caminho ser-lhe-ão apelos à perseverança e convites ao devotamento.

Não perderá tempo reclamando situações

de privilégio ou esperando condições mais favoráveis ao cumprimento do dever.

Por mais insignificante que considere a sua tarefa, procurará desempenhá-la com a responsabilidade daqueles aos quais a vida já confiou encargos maiores.

Se acontecimentos inesperados lhe impuserem limitações ao campo de ação pessoal, não se acanhará de tornar às suas próprias origens no serviço de natureza espiritual com a alegria e com a esperança que lhe assinalaram os primeiros passos na senda do aperfeiçoamento.

Compreenderá que todo sofrimento é lição, agradecendo à dor a experiência adquirida na cartilha da provação.

Preferirá ser desagradado pelos que ainda não conseguem aceitá-lo como é do que desagradar a consciência que lhe ensina a ser melhor a cada dia que passa.

Na companhia de amigos, ou solitário, seguirá adiante sem se deixar absorver exclusivamente pelos compromissos de ordem material, lutando, a todo custo, pela emancipação íntima, reconhecendo que toda construção sólida no reino do Espírito se alicerça no sacrifício.

Se você sinceramente deseja acompanhar o Mestre na jornada de volta para Deus, tome a sua cruz sobre os ombros e não O perca de vista, em meio às surpresas e desafios da estrada.

13

espera e confia

♡

MEIMEI

Eis a dupla singular

– Escora que nos descansa:

Sentir sem desanimar,

Nunca perder a esperança.

Se sofres, serve e confia,

Não te queixes, nem te irrites.

Espera. A bênção de Deus

É proteção sem limites.

14

quem ama

Alexandre de Jesus

Quem ama nada exige.

Perdoa sem traçar condições.

Sabe sacrificar-se pela felicidade alheia.

Renuncia com alegria ao que mais deseja.

Não espera reconhecimento.

Serve sem cansaço.

Apaga-se para que outros brilhem.

Silencia as aflições, ocultando as próprias lágrimas.

Retribui o mal com o bem.

É sempre o mesmo em qualquer situação.

Vive para ser útil aos semelhantes.

Agradece a cruz que leva sobre os ombros.

Fala esclarecendo e ouve compreendendo.

Crê na Verdade e procura ser justo.

Quem ama, qual o samaritano anônimo da parábola do Mestre, levanta os caídos da estrada, balsamiza-lhes as chagas, abraça-os fraternalmente e segue adiante...

15

mais amor

—— ♡ ——

CASIMIRO CUNHA

Rogas à vida o roteiro
Da Esfera Superior,
E a vida responde sempre:
Meditar com mais amor.
Procurando, desse modo,
Caminho renovador,
Em toda dificuldade,
Apoia com mais amor.

Se esperas pelo futuro
Como ninho aberto em flor,

Arando a terra do sonho,
Trabalha com mais amor.
Recebe, pois, o infortúnio
Com desassombro e valor;
Se a provação recrudesce,
Suporta com mais amor.

Tolera com paciência
A nuvem do dissabor;
Buscando nova alegria,
Ampara com mais amor.
Caluniaram-te a vida?
Perdoa seja a quem for.
Quem vive para a verdade
Entende com mais amor.

Amigos desavisados
Trouxeram-te sombra e dor?
Diante de todos eles,
Auxilia com mais amor.

Feriram-te as esperanças
Brandindo verbo agressor?
Não critiques nem te queixes...
Espera com mais amor.

Ante o jogo de ilusões
Que o mal te venha a propor,
No cultivo da humildade,
Resiste com mais amor.
Se desejas alcançar
A comunhão do Senhor,
Arrima-te à caridade
E serve com mais amor.

16

varando sombras

—— ♡ ——

Batuíra

Empeços, lutas, problemas, limitações, críticas...

Deixemos a mágoa de lado e sigamos em frente, trabalhando e compreendendo sempre.

Os que não desejam avançar tentarão prejudicar-nos a caminhada.

Os que não querem servir buscarão envolver-nos no desânimo.

Os que não acreditam no bem assumirão atitudes estranhas contra nós.

Mas não recuemos.

O nosso compromisso é com a própria consciência.

Varemos as sombras com o archote da fé operosa.

No serviço do Evangelho, ninguém se encontra sozinho.

Forças divinas suplementam as nossas forças e vozes tutelares inspiram os nossos passos.

Haveremos de triunfar.

A obra pertence ao Cristo de Deus e nada deterá a sua marcha vitoriosa.

17

o preço da luz

EMMANUEL

Não recebemos qualquer aquisição sem preço correspondente.

Fatos comezinhos da existência material esclarecem-nos vivamente nesse sentido.

Por que motivo aguardaríamos vantagens da compreensão sem o trabalho preciso?

Não se dependura a virtude no santuário da consciência, como objeto de adorno em tabiques exteriores.

Faz-se preciso renovar a mente e purificar o coração.

Não adquiriremos patrimônios da imortalidade guardando acervos de pensamentos da vida inferior.

Não nos renovaremos em Cristo perseverando nas armadilhas de sombra da esfera transitória.

Para elevar a própria vida, é necessário gastar muitas emoções, aparar inúmeras arestas da personalidade, reajustar conceitos e combater sistematicamente a ilusão.

18

meu amigo

——— ♡ ———

Eurícledes Formiga

Para servir com Jesus

Na seara do Evangelho,

É preciso abandonar

As manhas do homem velho.

O discípulo sincero,

Nos caminhos redentores,

Por enquanto, encontrará

Mais espinhos do que flores...

Esse logo desanima
Ao primeiro contratempo,
Mas se tudo corre bem,
Alega falta de tempo.

Aquele quer cultivar
Amor na gleba da fé,
Encontrando tiririca,
Larga a pá e dá no pé.

Outro suplica na prece
Ser médium no Espiritismo,
Quando atendido, reclama
Cefaleia e reumatismo.

Não devemos criticar...
Na Terra, foi sempre assim,
Na hora do *vamos ver*
É choro do início ao fim.

Mas a Verdade é uma luz
Soberana, clara e forte,
Que o homem contemplará
Face a face, além da morte.

Aqui de nada nos vale
Queixa, tristeza ou desculpa.
O que nos resta fazer
É assumir a nossa culpa.

Quem cruza os braços no mundo,
E o próprio tempo aniquila,
De uma nova encarnação
Terá que enfrentar a fila.

Se você tem com Jesus
A bênção de trabalhar,
Meu amigo, siga em frente
E pare de reclamar!

19

ante o Além

———— ♡ ————

EMMANUEL

A vida não termina
Onde a morte aparece.

Não transformes saudade
Em fel nos que se foram.

Eles seguem contigo,
Conquanto de outra forma.

Dá-lhes amor e paz,
Por muito que padeças.

Eles também te esperam,
Procurando amparar-te.

Todos estamos juntos,
Na presença de Deus.

20

no tempo justo

ALBINO TEIXEIRA

Você

encontrará o que busca,

fará o que lhe aprouver,

viverá conforme imagina,

escolherá os próprios amigos,

lutará com os recursos de que dispõe,

decidirá sobre o caminho a percorrer,

cultivará os pensamentos em que se

compraz...

Mas, se a lei Divina

lhe faculta semear livremente,

não o exime da responsabilidade
de colher.

Observe, portanto, o tipo de semente
que você lança ao solo da vida,
porque,
no tempo justo,
ela produzirá segundo a sua
espécie.

21

extinção do mal

———— ♡ ————

BEZERRA DE MENEZES

Na didática de Deus, o mal não é recebido com a ênfase que caracteriza muita gente na Terra, quando se propõe a combatê-lo.

Por isso, a condenação não entra em linha de conta nas manifestações da Misericórdia Divina.

*

Nada de anátemas, gritos, baldões ou pragas.

*

A Lei de Deus determina, em qualquer parte, seja o mal destruído não pela violência, mas pela força pacífica e edificante do bem.

A propósito, meditemos.

O Senhor corrige:

a ignorância: com a instrução;

o ódio: com o amor;

a necessidade: com o socorro;

o desequilíbrio: com o reajuste;

a ferida: com o bálsamo;

a dor: com o sedativo;

a doença: com o remédio;

a sombra: com a luz;

a fome: com o alimento;

o fogo: com a água;

a ofensa: com o perdão;

o desânimo: com a esperança;

a maldição: com a bênção.

*

Somente nós, as criaturas humanas, por vezes, acreditamos que um golpe seja capaz de sanar outro golpe.

Simples ilusão.

O mal não suprime o mal.

*

Em razão disso, Jesus nos recomenda amar os inimigos e nos adverte de que a única energia suscetível de remover o mal e extingui-lo é e será sempre a força suprema do bem.

22

agradece

── ♡ ──

IRMÃO JOSÉ

Atravessaste provas

Que não imaginavas...

Deixaste para trás

Tantas dificuldades...

Venceste desafios

Que quase te arrasaram...

Sustentaste o equilíbrio

Ante a queda iminente...

Lutaste a vida inteira,

Sempre fiel ao bem...

Agradece ao Senhor,

Que te amparou as forças.

23

Zoraide

♡

AUTA DE SOUZA

Perdera um filho amado, um sonho em
                                        primavera...
Pergunta a soluçar entre suplício e pranto:
– "Por quê? Por que, meu Deus, o filho que
                                        amo tanto?"
Segue o filho, a gemer na dor que a dilacera.

Volta, de novo, ao lar!... É a família que espera,
Tem dever a cumprir mesmo banhada em pranto...
No outro dia, é servir ao bem, de canto a canto,
No Templo em luz e paz, que a conforta e
                                        venera.

O tempo passa lento... Amargura, saudade...
Resguarda o amor de Mãe sem que nada o
                                          degrade...
Cai gravemente enferma... Enxerga doce brilho!...

Ante o supremo instante, em névoa cor de opala,
eis que o filho lhe diz: "Minha mãe, vim buscá-la".
E ela parte a gritar: "Ah! Meu filho!... Meu filho!...".

CONFIA E SERVE

*Servir é a metade do êxito.
Confiar é a outra metade.*
Emmanuel

confiar e servir

Francisco Cândido Xavier
Emmanuel

Servir é a metade do êxito. Confiar é a outra metade.

*

Neste livro, encontraremos, por binômio básico, a união do serviço e da fé, nas entrelinhas de cada produção dos amigos Espirituais que conjugaram esforços para construí-lo.

*

Quem serve sem o propósito de compensação acumula a simpatia alheia e a força do bem, suscetíveis de trazer-lhe a cooperação dos outros nas realizações que demande, e quem cultiva a confiança nas Leis Divinas delas recolhe a cobertura defensiva para a caminhada no cotidiano.

Aliás, a Natureza é todo um parque de testemunhos do que afirmamos.

A planta apoia a vida humana, mas, nos prodígios do heliotropismo, ergue-se à procura de Sol e encontra-lhe o calor, a fim de aquecer a própria estrutura.

A semente aceita o berço de barro, no entanto, germina e, em breve tempo, estende frondes protetoras, devendo ao barro a hospedagem para as próprias raízes.

*

O Apóstolo Tiago, na epístola que dirigiu à Cristandade, afirma em certo versículo: (Tiago, 2-17) "A fé sem obras é morta em si mesma".

Recordemos o ensinamento e peçamos a Jesus nos auxilie a servir e a confiar.

a serviço da fé

———— ♡ ————

Carlos A. Baccelli

Albino teixeira

Leitor Amigo, este livro que, com alegria, te entregamos às mãos é uma coletânea de páginas de diversos companheiros que se dedicam, na Vida Maior, à divulgação do Evangelho do Senhor, à luz meridiana da Doutrina Espírita.

São mensagens que nos convidam a refletir sobre as realidades da vida e a inadiável tarefa da renovação íntima, a fim de que possamos, a partir de nós mesmos, edificar o Reino de Deus sobre a Terra.

São convites ao trabalho e à perseverança, à fé e à coragem de que todos necessitamos na jornada redentora que empreendemos.

Agradecendo ao Mestre por mais esta oportunidade, embora as imperfeições que ainda nos assinalam, rogamos a Ele que nos fortaleça e nos abençoe em nossos propósitos de servir confiando e de confiar servindo.

1

aos amigos

───── ♡ ─────

EMMANUEL

A Antônio G. Peixe, Francisco, Carolina e Zilda Portugal.

Meus amigos, que Jesus nos abençoe a tarefa. Acompanhamos, com satisfação, vosso trabalho construtivo na senda.

Prossegui, confiantes nos resultados.

*

Vastíssima é a semeadura, e não devemos, em tempo algum, contar equações nas tabelas de anos do mundo.

*

Não. O serviço é infinito, a luta é imensa, mas não esqueçamos que a essência do êxito reside na qualidade, e não no número.

Diante das tarefas que se desdobram, não se deve esquecer a solidão aparente do Mestre.

*

O Espiritismo fenomênico, embora respeitável, não pode orientar a solução dos problemas relativos à vida eterna.

*

É natural que muitos estudiosos se devotem às observações que lhe dizem respeito.

Nós, entretanto, desejamos alcançar o cerne de nossas questões evolutivas.

*

É imprescindível darmos "sinais" de nossa reforma íntima com o Cristo, antes de exigirmos os "sinais dos céus".

*

É por isto que devemos continuar atentos ao Espiritismo, que melhora o homem para torná-lo mais feliz.

*

Não basta deslumbrar os olhos ou abalar a mente em seus alicerces.

É indispensável converter o coração, à luz do Senhor, para que, como ensinamentos vivos de Cristo, sejamos, em qualquer parte, a sua mensagem palpitante de amor.

*

A vós que compreendestes tão bem este propósito, os nossos votos de paz, a fim de que Jesus seja, em tudo, o hóspede efetivo de nosso coração, no santo ministério que nos propomos a cumprir no atual momento de nossas atividades evolutivas e redentoras.

2

terceiro milênio

Irmão José

> *Ao sair Jesus no templo, disse-lhe um de Seus discípulos: Mestre! Que pedras, que construções!*
>
> *Mas Jesus lhe disse: Vês estas construções? Não ficará pedra sobre pedra que não seja derrubada.* – Jesus (Marcos, cap. 13 – vv. 1 e 2).

Jesus foi claro ao se referir à transitoriedade das coisas no mundo físico.

Segundo a Sua palavra, mesmo as edificações consagradas à fé haverão de passar...

Isso porque a marcha do progresso é inevitável.

A Verdade revela-se gradativamente, e nada pode se lhe opor.

Uma ideia é o germe de uma ideia maior ainda.

As leis que vigem na sociedade serão, a pouco e pouco, substituídas por leis que a mente humana não consegue conceber agora.

Tudo obedece a um plano sabiamente elaborado.

O tempo é o artífice divino.

Dentro do homem-matéria, encontra-se em gestação o homem-espírito.

O materialismo cederá de vez lugar ao espiritualismo.

Os preconceitos rolarão por terra, inapelavelmente.

Uma nova ordem social se levantará entre os povos, alicerçada no "amai-vos uns aos outros".

Hábitos e costumes reformular-se-ão.

O Bem triunfará sobre todo o mal e, dos escombros do passado, emergirá a criatura renovada em Cristo que povoará a Terra do Terceiro Milênio.

3

para a fraternidade

♡

EMMANUEL

A disparidade flagrante entre a evolução do homem físico e do homem espiritual é a causa profunda de todas as angústias contemporâneas.

*

O progresso científico e industrial dos tempos modernos não encontra o necessário clima espiritual dentro das atividades humanas, para afirmar os seus benefícios.

*

A eletricidade, o avião e a radiotelefonia eliminaram o sentido das distâncias, aproximando a família terrestre.

As facilidades de transporte e de transmissão do pensamento apagaram as fronteiras, e como essas reformas singulares não encontram as legítimas expressões das conquistas morais, contemplamos a arregimentação de todas as forças conservadoras receosas de surpresas inesperadas, no caminho das modificações e experiências perigosas.

As próprias democracias mais avançadas se organizam, tornando-se arbitrárias, centralizando as fontes do poder.

*

O mundo, dia a dia, com as comodidades da civilização, torna-se cada vez menor, e os chefes de governo são verdadeiros chefes de família, embora cada nacionalidade se constitua de milhões de almas, atendendo-se à nova ideologia dos Estados.

*

A realidade, porém, é que as leis e os sistemas sociais terão de acompanhar o progresso material de todos os povos.

*

Longe de qualquer regime feudalista, o homem seguirá, na Terra, o curso evolutivo de suas conquistas, caminhando para a perfeita solidariedade.

*

Não é nosso propósito, em falando da fraternidade, fazer apologia das teorias igualitárias absolutas.

Toda igualdade, como toda verdade, tem de se condicionar ao conceito relativo dos valores de cada personalidade, no quadro de suas aquisições próprias, dentro das lutas purificadoras.

*

Só a obra cristã nos pode interessar, no amplo movimento de educação das almas. E o Evangelho de Jesus não preconiza que os ricos do mundo se façam pobres, e sim que todos os homens se façam ricos de conhecimento, porque somente nas aquisições de ordem moral descansa a verdadeira fortuna.

*

As nossas afirmativas vêm salientar a amarga situação do mundo, que não se preparou devidamente para tão agigantadas expressões de progresso material.

*

Todo o planeta se organiza.

Há uma séria tendência de regresso aos

processos da força, mas os discípulos do Divino Mestre devem considerar que só a Ele está afeta a direção do mundo.

*

As expressões evolutivas do mundo atual reclamam das nações os mais fortes laços fraternos, e é para a solidariedade universal que a humanidade de hoje caminha, com todas as suas lutas e com todos os seus sacrifícios.

4

quanto à verdade

IRMÃO JOSÉ

Guardes contigo a convicção de que a Verdade não é patrimônio de ninguém em particular.

Todos estamos a caminho da Verdade Integral, de cujo perfeito conhecimento aproximamo-nos a pouco e pouco, por meio das múltiplas experiências no corpo físico.

Mantenha-se sempre receptivo às novas luzes da Revelação Divina, sem te encarcerares a fanatismos e preconceitos.

Não menosprezes a maneira de pensar de

quem quer que seja, procurando compreender que cada um se encontra em determinado degrau evolutivo.

Quando o homem se conscientiza, espontaneamente vislumbra o que antes lhe era vedado enxergar.

O sofrimento amadurece as almas para a Vida, porquanto somente a dor consegue despertar-nos para as realidades do mundo íntimo.

Não queiras forçar os outros a pensarem conforme pensas.

Vive a tua vida e exemplifica a tua verdade, deixando ao tempo a tarefa de convencer os que se trancaram dentro de si mesmos, recusando-se a avançar na senda do progresso espiritual.

Não te preocupes em converter ninguém ao teu modo de ser.

Convence-te de que o Amor é mais importante do que a Verdade, porquanto "Deus é Amor".

São muitos os que conhecem, poucos os que sabem e raros os que amam.

Diante da Verdade, os intelectuais se exaltam, mas os sábios se curvam.

O Estudo, aliado ao Trabalho, é o caminho para a Verdade, mas o Amor é a Luz que te permite contemplá-la.

Por agora, os homens se dividem em diferentes facções religiosas, mas tempo virá em que todos formarão um só rebanho sob a égide do Cristo, o Divino Pastor.

nossa fé

Jésus Gonçalves

Nossa fé rompe as trevas, vence as dores,

Renova aspirações desfalecidas,

E suprime as paixões envilecidas

Que multiplicam réus e sofredores.

É remédio balsâmico às feridas,

Reconforto celeste aos amargores,

É luz no espinheiral abrindo em flores,

Nas chagas que trazemos de outras vidas.

Nossa crença é refúgio de esperança,

É bandeira de paz que brilha e avança

Em sublimado voo jamais visto...

É mensagem que amor e vida encerra,

Reconduzindo o Espírito da Terra

À verdade imortal de Jesus Cristo!

6

um caso igual a tantos

─── ♡ ───

Hilário Silva

O rapaz chegou ao Centro Espírita "Uberabense" pedindo orientação.

Há meses estava no exercício constante da psicografia semiconsciente, segundo as suas próprias palavras.

Exibiu vários cadernos com mensagens que recebera.

Entusiasmado, disse ao dirigente da Casa, o Professor João Augusto Chaves, já ter consigo muito livros que esperava publicar em breve tempo.

Afirmou escrever quase o dia inteiro sob o impulso dos Espíritos.

Qualquer lugar lhe servia para o intercâmbio entre os dois mundos.

Acordava no meio da noite, sentindo um desejo irresistível de pegar lápis e papel...

Quando a cabeça lhe doía, tinha que escrever, escrever...

Durante meia hora, falou sem pausa, revelando certa exaltação na voz e gesticulando em excesso.

Quando, finalmente, silenciou, aguardando a orientação que fora buscar, o abnegado Professor lhe diz de forma paternal:

— Filho, temos aqui as nossas reuniões semanais de estudo da Doutrina e teremos imensa alegria em recebê-lo entre nós. Sinto que você tem um futuro promissor no campo da mediunidade, todavia, creio que os Amigos Espirituais, presentemente, estejam exercitando as suas faculdades. Convém, por enquanto, aguardarmos um pouco mais, não tornando públicas essas mensagens que me parecem agora sementes de páginas mais substanciosas que ainda serão grafadas por suas mãos. Venha participar do nosso grupo. Amanhã mesmo, você poderá vir conosco visitar alguns irmãos carentes na periferia da cidade...

Mas, antes que o Professor Chaves concluísse as suas ponderações, o jovem, colocando os cadernos debaixo do braço, deu-se pressa em sair, prometendo voltar no dia seguinte, e nunca mais apareceu.

*

Infelizmente, são muitos os companheiros do mundo que procuram orientação nos centros espíritas desejando ouvir as palavras que imaginam, e não aquelas que precisariam escutar, com humildade, em favor de si mesmos. Contrariados em seus propósitos imediatistas, afastam-se do caminho que nem sequer começaram a trilhar e ao qual, somente mais tarde, depois de grandes decepções e dores, tornarão lamentando o tempo perdido.

desengano

Valentim Magalhães

"Caridade! Dom Júlio! Um pão dormido,

Tenho fome e este frio me enregela!..."

"Nada tenho a doar para a favela,

Caridade é palavra sem sentido!..."

Assim falou Dom Júlio Barbarela,

Mostrando coração empedernido...

Odiava escutar qualquer pedido,

No ouro e no egoísmo se encastela...

Já velho, viu a Morte... Espantadiço,

Clamou: "Darei meu ouro e meu serviço!...

Morte, somente peço dias calmos!..."

Mas disse a Morte: – "Estás em despedida,

Das terras que tiveste em toda a vida,

Terás agora apenas sete palmos!..."

8

mensagem de irmão

Sebastião Carmelita

A vida na Terra se assemelha a um estágio em magnífica escola.

A reencarnação é abençoada oportunidade de crescimento espiritual.

Somos, porém, aprendizes rebeldes e incipientes.

Malbaratamos o tempo.

Desprezamos a lição.

Olvidamos os compromissos.

Quando sofremos, recorremos a Deus, ensaiando humildade.

Quando felizes, nem sequer nos lembramos de agradecer ao Dispensador de todas as graças.

É que em contato com a matéria densa, o Espírito deixa-se hipnotizar pelos cânticos da ilusão. O imediatismo predomina em suas decisões.

Para o homem comum, importa viver o "agora" com intensidade. Falta-lhe, portanto, senso de eternidade.

Por isso, justamente, a dor se faz companheira em nossos caminhos... Ela nos recorda a fugacidade da vida física e nos reconduz à senda do bem.

Ai do homem, se não sofresse!...

Mas Deus não quer o sofrimento voluntário, aquele abismo em que muitos se precipitam para fugir à dor que nos aprimora interiormente. O sofrimento natural é uma luz, mas, provocado, qual o suicídio, é uma infelicidade que a palavra não define.

Procuremos, na caridade, o nosso cajado para a subida do monte escarpado da evolução.

Amemos os nossos semelhantes.

Esforcemo-nos para perdoar as ofensas, sem guardar ressentimento no coração.

Não percamos de vista os passos do Senhor, que transitou no mundo entre zombarias e sarcasmos.

Façamos da oração o nosso pão espiritual, cujo fermento divino é a fé que raciocina.

Tenhamos sempre uma palavra de otimismo e um sorriso de esperança para oferecer aos que nos buscam a presença.

Visitemos os doentes nos hospitais, porquanto somos Espíritos enfermos, necessitados também da visitação diária do Divino Médico.

Não nos queixemos de sacrifícios; antes agradeçamos a Jesus, que nos aceita como somos, em seu ministério santo entre os homens.

Aprendamos a silenciar as nossas mágoas. A lamentação improdutiva é peso na própria alma, impedindo-nos de seguir à frente.

Que Deus seja sempre louvado em todas as providências que toma para que nós, os Seus filhos, possamos viver segundo a Sua Vontade.

Restaurando o Evangelho, o Espiritismo aplicado em nossa vida é o sol que nos ilumina, desfazendo as sombras que, há séculos, pairam sobre o nosso entendimento.

Irmãos, deixo-lhes aqui o meu afetuoso abraço, na certeza de que a morte não existe e que o Senhor vela por cada um de nós.

sou eu

Augusto dos Anjos

Hora noturna sobre Leopoldina,

A terra amiga que me acolhe os restos.

E no templo de júbilos honestos

Procuro a paz da inspiração divina.

Ante os irmãos do Mestre na Doutrina

Que ama e perdoa nos menores gestos,

Trago comigo os traços manifestos

Da desventura que desilumina.

Sou eu, na velha angústia em que me perco,

Voltando, triste, ao túmulo de esterco,

De outras faixas vitais que o mundo encerra...

Sou eu gritando à vossa luz bastarda

Que sem Cristo brilhando na vanguarda,

Tudo é vaidade e cinza sobre a Terra.

10

com Jesus e com Kardec

EURÍCLEDES FORMIGA

O espírita antigamente,

Nas visões em que me interno,

Fosse na rua ou no lar,

Era muito mais fraterno.

Os templos eram humildes

Construções de alvenaria.

Sob a luz da mesma fé,

Tudo vibrava harmonia.

Cultivava-se o respeito

Pela Codificação.

Hoje dizem que Kardec

Necessita revisão.

Nos artigos dos jornais,

Sempre se tinha o que ler.

Agora é o ataque mútuo,

Provocando-se a valer...

Até mesmo para o passe

Inventaram novas formas.

Dizem que a Doutrina é livre

E vão prescrevendo as normas...

Aos caminhos de quem serve,

Chega a crítica mais cedo

E, por isso, de ser médium

Muita gente anda com medo.

Eu sei que lendo os meus versos
Ainda alguém vai falar:
"Foi algum obsessor
Que tomou o seu lugar..."

De fato, os tempos são outros.
O progresso é natural.
Mas não percamos de vista
A pureza original.

Recordando, meus amigos,
O que houve ao Cristianismo,
Procuremos trabalhar
Deixando tanto *modismo*.

Aqui paro e vou cantando
Na estrada que me conduz:
Sou um "espírita de ontem",
Com Kardec e com Jesus.

11

a força das tradições

EMMANUEL

"Na leitura de um livro mediúnico recebido por um médium na Inglaterra, observei muitas passagens com referência aos símbolos do catolicismo, como os dos Sacramentos, do Limbo Sagrado, etc., demonstrando, por parte do guia comunicante, muito apego à letra das Escrituras. Que explicações apresenta Emmanuel a respeito?"
(Pergunta de um missivista)

Ainda aí temos de observar que todas as revelações se processam gradualmente.

Os desencarnados, apesar de seus conhecimentos avançados com respeito aos problemas dessa natureza, têm de pautar o ensinamento segundo a tendência daqueles que o vão receber, sem ferir a lei de liberdade do arbítrio pessoal, nesse sentido, para que homens e agrupamentos consigam extrair das suas lições a maior soma de proveitos.

*

Ninguém ignora a força das tradições nos meios doutrinários da Inglaterra.

A própria ideia da verdade reencarnacionista ainda não obteve ali sanção plena por parte dos estudiosos do espiritualismo, quase todos saturados de interpretações escriturísticas da Bíblia, ao pé da letra, considerando quase sempre as suas expressões simbólicas de ensinamento.

Os mensageiros das verdades espíritas

valem-se das possibilidades que lhes são oferecidas, nesse particular, servindo-se igualmente dos símbolos conhecidos para disseminar a revelação nova.

*

Sob os véus das palavras, guardam-se cada vez mais as luzes da realidade, e é dessa forma que muitos emissários da palavra do alto vêm, ali, substituindo antigos preceitos ortodoxos com novos caminhos de ascensão no conhecimento espiritual.

*

A sinceridade na fé e a firmeza da crença, quando verdadeiramente sentidas, inspiram-nos o mais fundo respeito e a maior veneração.

E seria razoável destruir-se violentamente um cais diante da maré impiedosa, sem haver construído outro com o mesmo carinho e o mesmo desvelo, evitando os perigos?

É essa a construção que constitui objeto do esforço dos trabalhadores invisíveis que, na sua experiência, devem saber a maneira mais fácil e mais útil de se abrir as portas de uma estrada nova.

Com o auxílio do tempo, todos os povos saberão afastar-se, cada vez mais, das formas para guardarem as essências imortais da vida do Espírito.

*

Através do exposto, podereis observar a força das tradições e o quanto nos merecem o trabalho e o esforço individuais, dentro do quadro infinito das lutas da evolução.

12

quadros da reencarnação

———— ♡ ————

ESPÍRITOS DIVERSOS

A vida em si não termina
Quando o corpo à cova desce...
A semente pequenina,
Quando morre, é que floresce.

Eurícledes Formiga

Não ambiciones na lida
Os frutos da gleba alheia.
Cada qual colhe na vida
Apenas o que semeia.

Casimiro Cunha

Desencarnou o Firmino
Pedindo mais uma dose.
Em novo corpo, é um menino
Que já sofre de cirrose.

Pedro Silva

Numa existência pregressa,
Suicidou-se com cicuta,
Mas logo ao mundo regressa,
Agravando a própria luta.

Jaks Aboab

Perseguiu a tanta gente
No tempo em que foi Visconde,
Que agora no sanatório
Da própria sombra se esconde.

Lulú Parola

Vivia de falcatruas
O finado Serafim.
Renasceu... Vive nas ruas,
Numa penúria sem fim.

Cornélio Pires

Porque foi maledicente,
Dona Zefa renasceu
Uma criança doente
Que de falar se esqueceu.

Lúcio Mendonça

Ao tempo de inquisidor,
Queimou livros a granel...
Agora, seja onde for,
Vive ajuntando papel.

Alceu Novais

De tanto chutar no mundo

Porta, cadeira e panela,

Curte um desgosto profundo

Nas dores da erisipela...

    Lafayette Mello

Quando fui rei, fui mendigo;

Quando mendigo, fui rei,

Deu-me a lepra o régio abrigo

Da paz que nunca sonhei.

    Jésus Gonçalves

Verdade que não se altera

No carma que acumulamos:

Somente o bem nos libera

Do mal que já praticamos.

    Irthes Terezinha

"Nascer, viver e morrer,

Renascer e progredir",

Tal a Lei que nos impele

Para as bênçãos do porvir!

Auta de Souza

13

redenção

─── ♡ ───

EPIPHANIO LEITE

Lembro-te, sábio amigo!... A cultura te afaga...
Falas em teus salões... Ouvintes às centenas...
Mas dos vasos de rosas e açucenas,
O perfume sutil em ondas se propaga...

Revejo-te a cautela, as mãos pequenas...
Ouço-te as preleções em que a fé se te apaga...
Noto homens cruéis, cujo porte me esmaga,
Que te compram, sorrindo, as jovens que
                                           envenenas.

Muda-te a morte o rumo... Estás entre os doentes,

Flagelam-te remorsos comburentes...

Suplicas o retorno à vida transitória...

Renasces... E a servir, no século que avança,

Plantas obras de amor e parques de esperança,

Voltando, hoje, ao Além, num carro de vitória!...

14

nas horas mais difíceis

───── ♡ ─────

Irmão José

Ainda quando te encontres caído sob o peso de grandes provações, levanta-te e caminha para a frente, cumprindo os teus deveres com fidelidade.

Ainda mesmo te sintas sozinho nas lutas da cada dia, não desertes do campo de batalha em que a vida te situa, atendendo às tuas necessidades evolutivas.

Ainda quando te percebas à beira do fracasso, semelhante a abismo que se escancare aos teus pés, não te creias sem forças para continuar, porquanto a Misericórdia Divina a ninguém desampara.

Ainda mesmo te vejas mergulhado em tristeza, qual se a própria existência carecesse de sentido aos teus olhos, deixa que a esperança prossiga te embalando os sonhos de felicidade.

Ainda quando te observes incompreendido pelos afetos mais queridos da alma, silencia e espera, aprendendo a renunciar agora para conquistar depois.

Ainda mesmo te consideres perdido no estranho labirinto dos problemas engendrados pela tua invigilância, não te entregues ao desespero, pedindo aos Céus que te auxiliem a solucioná-los com dignidade.

Haja o que houver, e estejas como estiveres, não te precipites em tuas decisões, de vez que é nas horas mais difíceis que tens oportunidade de provar a ti mesmo o valor da própria fé.

15

confrontos

Emmanuel

Todos admiramos as demonstrações esportivas que reúnem multidões a fim de apreciá-las, no entanto, seria muito importante que esses encontros e campeonatos fossem igualmente efetuados no campo do Espírito.

*

Aplaudimos os corredores, entretanto seria de muito valor atribuir prêmios aos operários que chegassem mais cedo para o trabalho.

*

Temos os alpinistas que galgam picos de enorme elevação com paciência e cuidado, mas deveríamos destacar os companheiros que escalam, em silêncio, altos montes de dificuldades e tribulações sem incomodarem a ninguém.

*

Dedicamos respeitoso apreço aos campões de natação, todavia, seria justo homenageármos os irmãos que bracejam no suor do dia a dia nos serviços que redundam em auxílio à comunidade.

*

Muitos companheiros conquistam merecidos destaques no halterofilismo, entretanto, cabe-nos lembrar os homens ativos e decididos que carregam pesos enormes, garantindo o êxito nas construções.

*

Aviadores eméritos ganham preciosas medalhas pelas imensas alturas que atingem, mas não nos será lícito esquecer os amigos que vencem a solidão e o sacrifício, elevando-se a grandes eminências da fé em Deus e em si mesmos para nos transmitirem a luz da vida interior que nos faz melhores e, sobretudo, mais humanos.

*

Em suma, será providência das mais compreensivas prestigiar o esforço de quantos se empenham às tarefas de aperfeiçoamento da vida física, no entanto, esses empreendimentos seriam mais louváveis se também estimulassem os valores do Espírito.

16

o livro espírita

---- ♡ ----

ALBINO TEIXEIRA

O livro espírita é luz – clareia o nosso entendimento.

O livro espírita é bússola – norteia os nossos passos.

O livro espírita é pão – alimenta a nossa fé.

O livro espírita é remédio – balsamiza as nossas dores.

O livro espírita é fonte de água pura – sacia a nossa sede.

O livro espírita é sempre o nosso melhor amigo nos caminhos da elevação.

Adquiri-lo é importante.

Lê-lo é imprescindível.

Estudá-lo é sabedoria.

Divulgá-lo é dever.

Agradeçamos a Deus pela bênção do livro genuinamente espírita, em cujas páginas luminescentes encontramos o Pensamento Vivo dos Espíritos Superiores que ditaram a Codificação a Allan Kardec, na revivescência do Evangelho de Jesus.

17

somente caridade

♡

ESPÍRITOS DIVERSOS

Nos movimentos do mundo,
Caridade vem a ser
Pessoa que dá socorro
Sem pensar em receber.

Lucano Reis

Caridade complicada,
Mas que é bênção aonde fores.
Não faças promessas vãs,
Nem enganes teus credores.

Álvaro Vianna

Das formas de caridade,
Sempre nobres e diversas,
Uma das mais elevadas
É a que se faz nas conversas.

Maria Dolores

Hoje, vi a caridade
Mostrando-se em doces brilhos:
Mãe faminta repartindo
Um pão para cinco filhos.

André Rodrigues

Detestava a caridade
O amigo Afonso Gazola;
Era rico... Perdeu tudo...
Faleceu pedindo esmolas.

Cornélio Pires

Caridade na roseira
Tem altas lições de amor...
Ao estrume que lhe atiram
Responde em safras de flor.

Meimei

Negando-te à caridade,
Alegas vários porquês,
Entretanto, diz a vida:
Deus te dá para que dês.

Américo Falcão

Ante o irmão irritadiço,
Cujo verbo desagrade,
Cala-te e espera lembrando
Que o silêncio é caridade.

Mariana Luz

Diretriz abençoada
Que vive em nossa lembrança:
Não sonegues a ninguém
A palavra de esperança.

Sílvio Fontoura

A caridade na Terra
A santos, crentes e ateus,
É a presença de Jesus
Agindo em nome de Deus.

Carlos Gondim

18

onde estiveres

André Luiz

Onde estiveres, não percas a oportunidade de semear o bem.

Se a conversa gira em torno de uma pessoa, destaca-lhe as virtudes, recordando que todos ainda nos encontramos muito longe da perfeição.

Se o assunto descamba para comentários maliciosos, acerca de certos acontecimentos, procura, discretamente, imprimir um novo rumo ao diálogo, sem te julgares superior a quem quer que seja.

Onde estiveres, não permitas que o mal conte com o teu apoio para se propagar.

Se muito falam em tom de pessimismo sobre os problemas que afligem a Humanidade, demonstra a tua confiança no futuro, recordando aos interlocutores que nada acontece sem a permissão de Deus.

Se outros se transformam em profetas da descrença, quais se fossem eles mesmos os únicos a se salvarem do naufrágio dos valores morais em que o homem se debate neste ocaso de milênio, trabalha com todas as tuas forças na construção de um mundo melhor, porquanto um só exemplo tem mais poder de persuasão sobre as almas do que um milhão de palavras.

Onde estiveres, não te esqueças de que o bem necessita de ti como instrumento para manifestar-se e não cruzes os braços como se nada tivesses a ver com o que acontece ao teu redor.

19

mensageiros do bem

Leôncio Correia

Mensageiros do Bem, ante o campo lá fora,
Onde se espalha a dor da vida descontente,
O próprio sonho erguei por facho resplendente,
Dando paz a quem luta e conforto a quem
                                    chora...

Ao coração sem fé que a lágrima devora,
E ao cérebro sem luz torturado e descrente,
Acendei o clarão da Vida Renascente
Do futuro, que surja e brilhe desde agora.

Obreiros do porvir, revelai a Era Nova,
Caridade e união, entendimento e prova
São traços da missão que o vosso encargo
$$\text{encerra!}$$

Do suor que verteis no trabalho fecundo,
Semeando a bondade e renovando o mundo,
Cristo fará do amor a redenção da Terra.

20

abençoa, Senhor

♡

AUTA DE SOUZA

Abençoa, Senhor, esta Casa singela,

Onde a Luz do Evangelho esplende, soberana,

E onde encontra guarida a imensa caravana

Dos tristes corações que a prova desmantela.

Repouso de paz onde a fé nos irmana,

 do Ideal que ao mundo se revela,

de é sempre atenta sentinela,

 os seus braços à penúria humana.

Neste recanto amigo, à margem do caminho,

Ninguém procura em vão o conforto e o carinho,

Cansado de bater, chorando, porta em porta...

Porquanto a Tua voz na voz de quem ensina

A mensagem de amor da Celeste Doutrina,

A renovar no bem a vida nos exorta!...

21

palavras de amor paternal

——— ♡ ———

Bezerra de Menezes

Amigos.

O Senhor nos abençoe.

Hoje é uma grande noite no lar e na família. E somos parte do conjunto que formastes no tempo, em honra de Nosso Senhor Jesus Cristo.

Com os nossos votos de trabalho e paz, coragem e alegria a todos vós, com quem nos reunimos habitualmente, desejamos que esses fatores da felicidade vos caracterizem a existência em todos os vossos dias. Mas não nos prendemos unicamente aos votos referidos. É nosso propósito agradecer-vos toda a cooperação que nos proporcionastes, no transcurso de 1988, através das atividades em que expressais a vossa fidelidade aos compromissos assumidos.

Agradecemos o amor que doastes aos irmãos em dificuldade ou penúria;

a tolerância com que soubestes desculpar as nossas falhas, na condição de imperfeitos amigos espirituais;

a assiduidade no desempenho de nossas tarefas, nas quais fizestes nossos professores de dedicação aos ensinos que Jesus nos legou;

a cortesia e o devotamento ao bem, com que ouvistes duras observações daqueles que nos procuram ainda inconscientes das realidades que nos felicitam;

as palavras de bom ânimo com que levantastes tantos companheiros caídos em desesperação, ante as provas que os aguardavam na experiência física;

os impulsos generosos com que atendestes ao apelo dos necessitados de todas as procedências;

a resignação que infundistes em muitos de nossos irmãos, ansiosos na expectativa de receber os comunicados de entes queridos, que não nos foi possível abordar, irmãos esses que passaram a escutar com respeito as referências edificantes, alusivas à nossa Doutrina de Paz e Amor.

a compreensão com que registrastes as queixas e reclamações, injúrias e exigências de amigos encarcerados nas grades da inconformação;

a esperança que acendestes no escuro de corações desolados e infelizes;

a reorientação fraternal com que vos

conduzistes no esclarecimento aos companheiros enganados por ilusões que os situavam na fantasia;

o trabalho constante com que vos decidistes a traduzir os ensinamentos do Divino Mestre, socorrendo os últimos das filas humanas, amparando os desvalidos e agasalhando os nus;

o entendimento com que suportastes críticas e acusações gratuitas, entregando os obstáculos do mundo à Divina Providência;

o espírito de fraternidade com que dialogastes, construtivamente, com os amigos distanciados do Bem, suportando com serenidade os agravos e as agressões;

o silêncio que adotastes à frente do mal, cientes de que a Infinita Bondade do Senhor transforma sem alarde e sem alarme os desgostos e amarguras com que fostes tantas vezes defrontados nos caminhos da fé;

e por todas as vossas qualidades nobres e esforços de autoaperfeiçoamento, ensinando-nos a amar e a esperar, a abençoar e a elevar, convertendo-vos, involuntariamente, em orientadores para nós outros, os vossos companheiros desencarnados, e por todas as bênçãos de trabalho e paciência, com as quais nos enriqueceis de confiança e alegria, eis-me aqui, o menor de vossos servidores, a fim de repetir-vos:

— Muito obrigado e que Deus nos abençoe!

22

agora e sempre

—— ♡ ——

Irmão José

Senhor,

Dá-nos forças para que não venhamos a esmorecer na jornada que empreendemos ao Teu lado.

Ampara-nos a fim de que não desertemos dos nossos deveres de cada dia, mormente das tarefas que abraçamos na Doutrina que Te revive os ensinamentos para o mundo.

Inclina-nos à paciência, ensinando-nos a compreender e a perdoar os que ombreiam conosco nos diferentes caminhos da vida.

Disciplina-nos a palavra, para que não nos convertamos em instrumentos de pessimismo e desalento às almas invigilantes.

Guia-nos ao bem, de forma que as nossas mãos cultivem, em Teu nome, as sementes da esperança e da paz em todos os corações.

Senhor,

Faze-nos conhecer qual seja a Tua Vontade a nosso respeito e que possamos servir-Te com alegria, onde e como queiras, agora e sempre!...

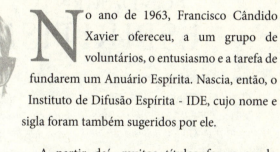

No ano de 1963, Francisco Cândido Xavier ofereceu, a um grupo de voluntários, o entusiasmo e a tarefa de fundarem um Anuário Espírita. Nascia, então, o Instituto de Difusão Espírita - IDE, cujo nome e sigla foram também sugeridos por ele.

A partir daí, muitos títulos foram sendo editados, e o Instituto de Difusão Espírita, entidade assistencial sem fins lucrativos, mantém-se fiel à sua finalidade de divulgar a Doutrina Espírita através da IDE Editora, tendo como foco principal as Obras Básicas da Codificação, sempre a preços populares, além dos seus mais de 300 títulos, muitos psicografados por Chico Xavier.

O Instituto de Difusão Espírita conta também com outras frentes de trabalho, voltadas à assistência e promoção social, como albergue noturno, acolhimento de migrantes, itinerantes, pessoas em situação de rua, assistência à saúde e auxílio com cestas básicas, para as famílias em situação de vulnerabilidade social, além dos trabalhos de evangelização infantil, mocidade espírita, artes (teatro, música, dança, artes plásticas e literatura), cursos doutrinários e passes.

Este e outros livros da *IDE Editora* subsidiam a manutenção do baixíssimo preço das *Obras Básicas, de Allan Kardec*, mais notadamente, *"O Evangelho Segundo o Espiritismo"*, edição econômica.

Fundamentos do
Espiritismo

1º Crê na existência de um único Deus, força criadora de todo o Universo, perfeita, justa, bondosa e misericordiosa, que deseja a felicidade a todas as Suas criaturas.

2º Crê na imortalidade do Espírito.

3º Crê na reencarnação como forma de o Espírito se aperfeiçoar, numa demonstração da justiça e da misericórdia de Deus, sempre oferecendo novas chances de Seus filhos evoluírem.

4º Crê que cada um de nós possui o livre-arbítrio de seus atos, sujeitando-se às leis de causa e efeito.

5º Crê que cada criatura possui o seu grau de evolução de acordo com o seu aprendizado moral diante das diversas oportunidades. E que ninguém deixará de evoluir em direção à felicidade, num tempo proporcional ao seu esforço e à sua vontade.

6º Crê na existência de infinitos mundos habitados, cada um em sintonia com os diversos graus de progresso moral do Espírito, condição essencial para que neles vivam, sempre em constante evolução.

7º Crê que a vida espiritual é a vida plena do Espírito: ela é eterna, sendo a vida corpórea transitória e passageira, para nosso aperfeiçoamento e aprendizagem. Acredita no relacionamento destes dois planos, material e espiritual, e, dessa forma, aprofunda-se na comunicação entre eles, através da mediunidade.

8º Crê na caridade como única forma de evoluir e ser feliz, de acordo com um dos mais profundos ensinamentos de Jesus: "Amar o próximo como a si mesmo".

9º Crê que o espírita tenha de ser, acima de tudo, Cristão, divulgando o Evangelho de Jesus, através do silencioso exemplo pessoal.

10º O Espiritismo é uma Ciência, posto que a utiliza para comprovar o que ensina; é uma Filosofia porque nada impõe, permitindo que os homens analisem e raciocinem, e, principalmente, é uma Religião porque crê em Deus, e em Jesus como caminho seguro para a evolução e transformação moral.

Para conhecer mais sobre a Doutrina Espírita, leia as Obras Básicas, de Allan Kardec: O Livro dos Espíritos, O Evangelho Segundo o Espiritismo, O Livro dos Médiuns, O Céu e o Inferno e A Gênese.

ide
ideeditora.com.br

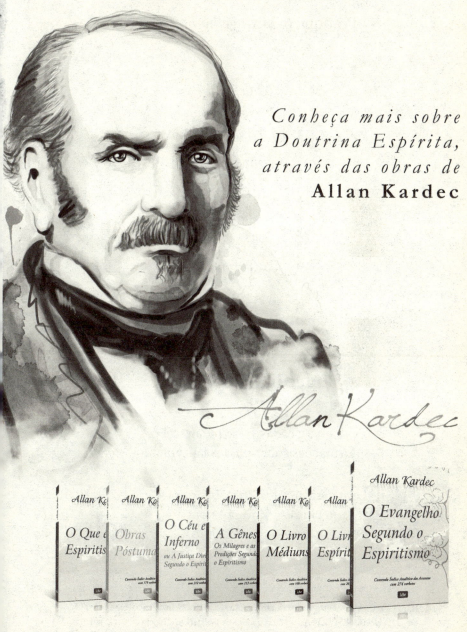

Pratique o *"Evangelho no Lar"*

ideeditora.com.br

✱

Acesse e cadastre-se para receber
informações sobre nossos lançamentos.

 INSTITUTO
DE DIFUSÃO
ESPÍRITA

 IDEEDITORA.COM.BR
IDEEDITORA
@IDEEDITORA

IDE Editora é apenas um nome fantasia utilizado pelo INSTITUTO DE DIFUSÃO ESPÍRITA, entidade sem fins lucrativos, que promove extenso programa de assistência social, e que detém os direitos autorais desta obra.